Inhalt

SOFT SKILLS

Kernthesen

Beitrag

Fallbeispiele

Weiterführende Literatur

Impressum

SOFT SKILLS

I.Zeilhofer-Ficker

Kernthesen

- Durch die zunehmende Bedeutung von Dienstleistungen und Projektarbeit sind die Soft Skills von Arbeitnehmern zu einem wesentlichen Erfolgsfaktor eines jeden Unternehmens geworden.
- Die weichen Qualifikationskriterien werden deshalb nicht nur bei Bewerbungen sondern in zunehmenden Maße auch beim bestehenden Führungspersonal abgecheckt.
- Jeder sollte die Stärken und Schwächen seiner sozialen Kompetenz kennen, damit er Weiterbildungsmaßnahmen zielgerichtet einsetzen kann.

Beitrag

Soft Skills als "weiche" Qualifikationskriterien

Untersuchungen zufolge basiert Erfolg im Arbeitsleben nur zu 50 Prozent auf Fachkompetenz. Genau so wichtig sind demnach die so genannten "Soft Skills", die "weichen Faktoren", die die individuelle Persönlichkeit und damit die Führungsqualitäten eines Menschen ausmachen.

Da weiche Qualifikationskriterien des Mitarbeiterstammes also einen wesentlichen Einfluss auf den Unternehmenserfolg haben, gibt es mittlerweile zunehmend Unternehmen, die bei Bewerbungen auf Soft Skills größeren Wert legen. (1), (2)

Aber auch in bestehenden Organisationsstrukturen hat man erkannt, dass Fachwissen allein nicht ausreicht, um eine Führungsrolle gut auszufüllen. (15) In Management Audits oder durch Management Appraisals versuchen Firmen, bestehende Schwachpunkte ihrer Manager aufzudecken, um dann entsprechende Maßnahmen ergreifen zu können. Solche Maßnahmen können Weiterbildungsangebote, aber auch die Einschränkung oder Erweiterung des Aufgabengebietes sein. (3), (4)

Wer sich in diesen Zeiten der Rekordarbeitslosigkeit seine Chancen auf dem Arbeitsmarkt erhalten oder sogar erhöhen will, sollte seine persönlichen Stärken und Schwächen im Bereich der "weichen Faktoren" kennen und einschätzen können, wo er seine Stärken herausstellen sollte und wie er an seinen Schwächen arbeiten kann.

Was sind eigentlich Soft Skills?

Der Begriff "Soft Skills" oder "Weiche Faktoren" umfasst im Großen und Ganzen alles, was man nicht mit Fachwissen umschreiben kann. Es gehören Kompetenzen wie Team-, Konflikt-, Kommunikationsfähigkeit, Motivation ebenso dazu wie Lernfähigkeit, Flexibilität, Kreativität und Selbstverantwortung. Oft werden auch soziale Kompetenzen wie Menschenkenntnis, Kritikfähigkeit, Einfühlungsvermögen und die Gabe, andere begeistern zu können, genannt. Aber auch erlernbare Fähigkeiten wie Rhetorik, Präsentationstechniken, Projektmanagement und Verhandlungsführung zählen dazu. (1), (4)

Wie kann man Soft Skills "verkaufen"?

Frauen werden generell die besseren Soft Skills zugeschrieben. Speziell sie haben aber oft das Problem, dass sie nicht in der "Ich-Form" über ihre Leistungen sprechen. (5) Frauen sehen sich gerne als "Team-Player" und verkaufen ihre Leistungen als Gruppenleistung. Aber "Klappern gehört zum Handwerk". Über Erreichtes und seine Leistungen zu sprechen sollte eine Selbstverständlichkeit sein.

Wer ehrenamtlich engagiert ist, sollte diese Tätigkeiten im Lebenslauf vermerken. Wenn man bei der Kinder- oder Altenbetreuung hilft, aktiv in der örtlichen Feuerwehr mitarbeitet oder als Vorstandsmitglied im Sportverein tätig ist, lässt das darauf schließen, dass man kommunikationsfähig und im Umgang mit Menschen geschult ist. (6) Dieses soziale Engagement deutet ebenfalls auf Leistungsbereitschaft und Selbstmotivation hin.

Malen oder musizieren in der Freizeit gibt einen Hinweis auf Kreativität. Wer Fußball spielt, ist wahrscheinlich ein guter "Team Player". Wer gerne in fremde Länder reist, ist sicher anderen Kulturen, Mentalitäten und Arbeitsweisen gegenüber aufgeschlossen. Ganz normale Hobbies können dem zukünftigen Chef eine Menge über Soft Skills verraten.

Es ist längst kein Geheimnis mehr, dass längere Auslandsaufenthalte während des Studiums für Bewerbungen ein Pluspunkt sind. Aber auch wenn man nach dem Abi ein paar Monate mit Rucksack durch Asien oder Amerika getourt ist, sollte das bei einem Bewerbungsgespräch nicht unerwähnt bleiben. Zeigt es doch, dass man in der Lage ist, sich das Leben in fremder Umgebung zu organisieren und dass man sich ständig auf neue Situationen einstellen kann. (10)

Wie kann man an Soft Skills arbeiten?

Kurse über Präsentations- und Redetechniken werden mittlerweile überall angeboten. Auch Konflikt-Kompetenz und Kommunikation kennen gewisse Regeln, die sich in Kursen erlernen lassen. Das sich Hineinversetzen können in Andere, das aktive Zuhören, das Umgehen mit eigenen und den Gefühlen von anderen sind gerade für Führungspositionen, Team- und Projektarbeit nahezu unumgängliche Notwendigkeiten. (7) Zum Thema Konfliktmanagement und Kommunikation werden ebenfalls zahlreiche Publikationen und Kurse angeboten.

Größere Unternehmen nutzen heute häufig Assessment Center, um unter den Massen an Bewerbern die für sie passendsten herauszufinden. Aber auch firmeninterne Führungskräfte werden immer öfter dem AC unterzogen. Hier werden Bewerber oder Mitarbeiter in Selbstpräsentationen, Gruppendiskussionen und Rollenspielen, aber auch das Verhalten beim Abendessen oder in der Kaffee-Pause genauestens beobachtet, um speziell das Sozialverhalten der Kandidaten einschätzen zu können. (8) Verschiedene Personalchefs wurden dazu gefragt, ob man sich auf Assessment Center wirklich vorbereiten kann. Der Grundtenor: die beste Vorbereitung ist, sich nicht zu verstellen, sondern so zu sein wie man wirklich ist. Verhaltensmuster anzutrainieren sind nicht erfolgversprechend, da man spätestens im Job sein wahres Gesicht zeigen wird. (9)

In einer Repräsentativumfrage unter 2000 Beschäftigten klagte jeder Dritte über zu hohen Zeitdruck und zu hohe Verantwortung. Jeder fünfte fühlte sich durch hohe Arbeitsmengen, viele durch zu komplizierte Aufgabenstellungen überfordert. Diese Stresssituationen führen zu Störungen der Kreativität, Flexibilität, Lernfähigkeit, Teamfähigkeit, Motivation usw. Studien im In- und Ausland haben ergeben, dass man die Negativwirkung von Stress auf Soft Skills durch beispielsweise Transzendentale Meditation oder durch einfache sportliche Betätigung verringern kann. (1)

Fallbeispiele

Bei der "GPM Deutsche Gesellschaft für Projektmanagement e. V." kann man berufsbegleitend am Lehrgang "Projektmanagementfachmann (-fachfrau)" teilnehmen. Da die GPM Soziale Kompetenz als Schlüsselqualifikation für effektives Projektmanagement ansieht, umfasst der Lehrgang neben Grundlagen und Methoden der Projektarbeit auch Kurse zur sozialen und Organisationskompetenz. (12)

Die private Akademie Bau Know How, Linz, bietet zusammen mit der PEF International Management Business School ab Mai 2002 einen Lehrgang für Baumanagement und Unternehmensführung an, dessen Schwerpunkte bei Führungskompetenzen, Grundwissen und Rechtsfragen sowie Denken in Zusammenhängen sind. Sozialkompetenz und

Persönlichkeitsentwicklung werden auch abgehandelt. (13)

Fast alle Projekte, die von der Wirtschaftssozietät Allen & Overy beratend begleitet werden, überschreiten Landesgrenzen. Deshalb wird im Weiterbildungsangebot der Kanzlei speziell auf die wichtigen Soft Skills eingegangen. Rhetorik, Präsentationstechniken, Verhandlungsführung, Mitarbeitergespräche, Mitarbeitermotivation, Psychologie und Mandantenmanagement sind im Angebot. (4)

Die Coca-Cola Erfrischungsgetränke AG möchte mit dem Projekt "Fit for Future" Schülern der 8. und 9. Klassen Hilfestellung für die persönliche und berufliche Orientierung geben. Erster Schritt der über 6000 teilnehmenden Jugendlichen war, bei heimischen Handelsunternehmen Informationen über Berufsmöglichkeiten zu sammeln. Durch die Eingabe der Ergebnisse in die Fit-for-Future Internet Datenbank bewarben sie sich um die Teilnahme am "Coca-Cola Assessment Center". Wer sich bei diesem Bewerbungstraining am besten präsentierte fährt nach Berlin zur Endrunde. Die Schüler können hier ihre Kreativität und Teamfähigkeit unter Beweis stellen und beweisen, dass sie in der Lage sind selbständig zu arbeiten und selbstbewusst aufzutreten. (14)

In Schulen, Universitäten und Ausbildungsbetrieben wird ebenfalls auf die höheren Anforderungen an weiche Faktoren der zukünftigen Mitarbeiter eingegangen. So gibt es in Hessen seit 2001 die Möglichkeit für Schüler, sich ihre ehrenamtliche Tätigkeit auf einem Zeugnisbeiblatt bescheinigen zu lassen. In Nordrhein-Westfalen können sich Bürger einen Nachweis über ihr ehrenamtliche Tätigkeit im Sozialbereich ausstellen lassen. In Universitäten werden studienbegleitende Kurse und Seminare über erfolgreiche Bewerbungsstrategien sowie Soft Skills wie Moderation, Kommunikation und Personalführung angeboten. (10) Einen vollen Monat arbeiten manche Auszubildende in Werkstätten für Behinderte. Der Ausbildungsbetrieb möchte dadurch die sozialen Fähigkeiten ihrer Mitarbeiter stärken. Andere leisten zusammen mit behinderten Auszubildenden Projektarbeit und sammeln so Erfahrungen, die sie in keiner Schule lernen können. (11)

Weiterführende Literatur

(1) Soft Skills haben einen großen Einfluss auf den Unternehmenserfolg
aus Betriebswirtschaftliche Blätter, Februar 2002, Nr. 02, S. 62

(2) Bewerbungen in schwierigen Zeiten/Jobsuche: Ohne Eigeninitiative läuft nichts, Computerwoche, 08.03.2002, Nr. 10, S. 78-79
aus Betriebswirtschaftliche Blätter, Februar 2002, Nr. 02, S. 62

(3) Management-Audits -warum sie jetzt erhöhte Bedeutung erlangen
aus Versicherungswirtschaft, 15.2.2002, 57.Jg., Nr. 04, S. 237

(4) Fokus auf interner Weiterbildung Allen & Overy macht Einsteiger fit für internationale Aufgaben
aus FTD Financial Times Deutschland vom 15.02.2002, Seite 2

(5) Wissen, wann der Kerl endlich vorbeigeschossen kommt
aus Frankfurter Allgemeine Zeitung, 28.02.2002, Nr. 50, S. BS2

(6) Weiche Faktoren schwer messbar, TAZ vom 16.2.02 Seite 21
aus Frankfurter Allgemeine Zeitung, 28.02.2002, Nr. 50, S. BS2

(7) von Finckenstein, Iris, Verstanden heißt nicht einverstanden, Süddeutsche Zeitung vom 16.3.02, Seite RÖM7
aus Frankfurter Allgemeine Zeitung, 28.02.2002, Nr. 50, S. BS2

(8) Dilk, Anja, Panik vor dem Postkorb, Süddeutsche Zeitung vom 02.02.2002, Seite V1/21
aus Frankfurter Allgemeine Zeitung, 28.02.2002, Nr. 50, S. BS2

(9) Mut zur Musterung - Beim Assessment-Center-Training reagieren die Kandidaten wie im wirklichen Leben, Süddeutsche Zeitung, SZ, 02.02.2002, Ausgabe Deutschland, Seite: V1/20
aus Frankfurter Allgemeine Zeitung, 28.02.2002, Nr. 50, S. BS2

(10) Engels, Volker, Mit weichen Pfunden wuchern, Neue Jobperspektiven für Geisteswissenschaftler, TAZ vom 16.2.02, S. 21
aus Frankfurter Allgemeine Zeitung, 28.02.2002, Nr. 50, S. BS2

(11) Schmid, Antje, Betriebe entdecken ihr soziales Gewissen, Stuttgarter Zeitung vom 18.03.2002
aus Frankfurter Allgemeine Zeitung, 28.02.2002, Nr. 50, S. BS2

(12) Der Sprung in die Praxis: Noch im Lehrgang das erste eigene Projekt meistern
aus Projektmanagement, Heft 1/2002, S. 55

(13) Managerschmiede für den Bau Ab 23. Mai startet in Linz eine neue Bildungsinitiative der Privat-Akademie Bau Know How mit der PEF
aus WirtschaftsBlatt, 16.02.2002, Nr. 1563, S. E3

(14) Coca-Cola präsentiert sich frisch
aus Lebensmittel Zeitung 10 vom 08.03.2002 Seite 069

(15) Anforderungen an den Führungsnachwuchs -
Spagat zwischen Technik und Kommunikation,
COMPUTERWOCHE Nr.15 vom 12.4.2002 Seite 65
aus Lebensmittel Zeitung 10 vom 08.03.2002 Seite 069

Impressum

SOFT SKILLS

Bibliografische Information der deutschen Nationalbibliothek

Die Deutsche Nationalbibliothek verzeichnet diese Publikation in der deutschen Nationalbibliografie; detaillierte bibliografische Daten sind im Internet über http://dnb.d-nb.de abrufbar.

ISBN: 978-3-7379-1153-5

© 2015 GBI-Genios Deutsche Wirtschaftsdatenbank GmbH, Freischützstraße 96, 81927 München, www.genios.de

Alle Rechte vorbehalten. Dieses Werk ist einschließlich aller seiner Teile – z.B. Texte, Tabellen und Grafiken - urheberrechtlich geschützt. Jede Verwertung außerhalb der Grenzen des Urheberrechtsgesetzes bedarf der vorherigen Zustimmung des Verlags. Dies gilt insbesondere auch für auszugsweise Nachdrucke, fotomechanische Vervielfältigungen (Fotokopie/Mikroskopie), Übersetzungen, Auswertungen durch Datenbanken oder ähnliche Einrichtungen und die Einspeicherung und Verarbeitung in elektronischen Systemen.